RUSSLAND

WHITE STAR VERLAG

Text
Arnaldo Alberti

Grafische Gestaltung
Anna Galliani

Karte
Arabella Lazzarin

Inhalt

1 Die farbenprächtigen Kuppeln der berühmten Basilius-Kathedrale.

2–3 „Krasnaja Ploschtschad" nennen die Russen den Roten Platz. Als der Platz entstand, bedeutete „krasnaja" nicht nur „rot", sondern auch „schön". Dieser Blick auf die Nordostseite zeigt das Staatliche Historische Museum.

4–5 Die Ankunft auf der Halbinsel Kamtschatka am Ostrand von Sibirien ähnelt einer Mondlandung. Aus der Vogelperspektive bietet die einsame, mit Seen und Kratern übersäte Landschaft ein einzigartiges Bild. Auf der Halbinsel erheben sich 28 aktive, über 3 000 m hohe Vulkane. Kamtschatka ist jedoch auch eine ergiebige Region: Sie liefert die meisten Ziegel für die Bauindustrie und den besten Fisch des Pazifiks.

6–7 Der See auf dem Westhang des Vulkans Kronotsky (3 528 m) liegt über der Caldera. Die aus dem Erdinnern aufsteigende Hitze lässt sein Wasser grün schimmern. Der See wirkt auf dem ständig mit Schnee und Eis bedeckten Berghang wie ein riesiger Edelstein.

8 Die Gravuren am Goldenen Tor in Susdal zeigen Episoden aus den Evangelien. Das prunkvolle Tor wurde mehrmals restauriert, um die Spuren von Alterung und Vandalismus zu tilgen. Die Klöster und Kirchen von Susdal gehören zum Welterbe der UNESCO.

9 Der Glockenturm „Iwan der Große" gehört zu den schönsten Türmen der Kathedralen im Moskauer Kreml. Entworfen von Bon Frjasin, einem Architekten italienischer Herkunft, wurde er zwischen 1505 und 1508 erbaut. Mit seiner hoch aufragenden, vergoldeten Kuppel setzt er im harmonischen Gefüge der Kremlkathedralen einen Akzent.

12–13 Dieses Foto zeigt das Innere des Moskauer Bolschoitheaters, das weltweit zu den größten Schauspielhäusern zählt. Das gilt nicht nur für die imposanten Abmessungen, sondern seit über 100 Jahren auch für das Niveau der Inszenierungen und Darsteller.

14–15 Ein kleiner Moskauer lässt sich vor dem Bolschoitheater fotografieren. Die neoklassische Fassade und die stattlichen Dimensionen machen das Gebäude zu einem Orientierungspunkt in der Moskauer Stadtlandschaft.

Via Candido Sassone, 22–24
13100 Vercelli – Italien
www.whitestar.it

Für die deutsche Ausgabe

www.whitestar-verlag.de

Übersetzung: Dr. Michael Meyer, Herne
Producing: Verlagsservice Rohner, Tegernheim

ISBN 3-939128-20-1
ISBN 978-3-939128-20-5

1 2 3 4 5 6   11 10 09 08 07 06

Gedruckt in Singapur
Litho: Fotolito Star, Bergamo (Italien)

Norwegen
Schweden
Golf von Bothnia
Finnland
Ostsee
Golf von Finnland
Estland
Lettland
Litauen
WEISS-
RUSS-
LAND
ST. PETERSBURG
Onegasee
NOWGORO
PUSCHKIN
PSKOW
JAROSLAWL
ROSTOW
SERGIJEW POSSAD
WLADIMIR
MOSKAU
KIEW
Ukraine
Wolga
URAL
Ob
Russland
ROSTOW
Wolga
WEST-
SIBIRISCHES
TIEFLAND
Jenissej
KAUKASUS
Wolga
Ob
NOWOSIBIRSK
Türkei
Kasachstan
Kaspisee
Usbekistan
Turkmenistan
Iran

Nordpolarmeer
Neusibirische Inseln
Beringmeer
Taimyr
Mittel-
sibirisches
Bergland
Lena
Werchojansker Gebirge
Kamtschatka
Ochotskisches Meer
Sibirien
Lena
Stanovoi-Gebirge
Jablonoi-Gebirge
Irkutsk
Baikalsee
China
Wladiwostok
Japan
Mongolei

ЦУМ

Einleitung

Russland ist ein Land mit zwei Gesichtern. Zum sichtbaren Teil gehören weite Landschaften, pulsierende Städte, abgelegene Dörfer, liebenswerte Menschen, unberührte Wälder und antike Schätze. Das andere Russland, das nicht weniger bezaubernd ist, verbirgt sich hinter diesem Gesicht. Der Reisende möchte stets einen Blick auf das unsichtbare Russland werfen, all seine Nuancen entdecken und begreifen, um sich ein Gesamtbild von diesem wunderbaren Land machen zu können.

Die Zaren, einst uneingeschränkte Herrscher über Russland, haben sich auch in der geographisch-politischen Geschichte verewigt: Großrussland (der Machtbereich von Moskau und St. Petersburg), der Ural und Sibirien sowie der Ferne Osten. Dabei darf man nicht vergessen, dass Belarus immer noch Weißrussland ist und die Ukraine bis ins 20. Jahrhundert offiziell „Malorossija" (Kleinrussland) hieß. Tatsächlich ist das soziokulturelle Geflecht Russlands derart facettenreich, dass man auf ein und derselben Reise, in ein und derselben Stadt, ja an ein und demselben Ort immer wieder neue Eindrücke gewinnt und Erfahrungen macht: physische ebenso wie spirituelle und intellektuelle.

So begegnet man dem Russland von heute, das voller neuer Impulse steckt und entschlossen ist, sich gegenüber dem fortschrittlicheren Westen zu bewähren. Das Land ist erfüllt, ja besessen, von einem starken Streben nach Modernisierung. Dieses Russland zeigt deutlich seinen Willen, die technologische Lücke zu schließen, die sich in der Vergangenheit gebildet hat, und ausländischem Kapital durch neue unternehmerische

16–17 Die Dreifaltigkeitskathedrale ist die älteste des Klosters der Heiligen Dreifaltigkeit und des heiligen Sergius in Sergijew Possad, erbaut um 1422 an der Stelle, an der die erste Holzkirche des heiligen Sergius stand. Der 88 m hohe Rokoko-Glockenturm an der Seite der Mariä-Himmelfahrts-Kathedrale stammt aus dem 15. Jahrhundert. Um ihn herum erheben sich weitere Kirchen (Erlöserkirche, St. Zosima und Savvati sowie St. Sergius), das Refektorium und das Haus des Metropoliten.

18–19 Die Moskwa strömt langsam durch die Dämmerung, vorbei an eleganten Palästen und majestätischen Brücken. An ihren Ufern entstand der älteste Kern der heute schier grenzenlosen Metropole.

Freiheiten Anlagemöglichkeiten zu bieten. Damit begegnet man dem jüngsten Russland, dem Schüler des Westens. Die Verheißungen der westlichen Wirtschaftswunder sollen mit den unschätzbaren natürlichen Ressourcen und Naturwundern realisiert werden. Das Land ist von einer Industriearchitektur ganz eigener Art geprägt. Der neokapitalistische Geist überzieht die Landschaft in Form von neuen Anlagen und Fabriken multinationaler Unternehmen, von Forschungszentren und Bürokomplexen, deren Firmenschilder häufig kyrillische Umschreibungen von US-Firmennamen tragen.

Besucher ohne dringende Verpflichtungen können Russland entspannt erkunden. Sie werden einzigartige Landschaften entdecken, etwa die endlose, zermürbende und doch abwechslungsreiche Steppe mit ihrem hellen Blau, das das Auge täuscht, sodass man weder Anfang noch Ende erkennt. Andere Bilder bieten sich dem Betrachter in den ausgedehnten Wäldern, die sich rund um gottverlassene Dörfer erstrecken, in den farbenfrohen Provinzstädtchen und auch in den beiden dicht bevölkerten Metropolen Russlands – Landschaften, deren scheinbare Eintönigkeit durch architektonische Meisterwerke aufgehoben wird.

Besucher, die sich zu einer Reise in die historischen Städte des so genannten Goldenen Rings entschließen, finden unzählige Kreml mit massiven Wehr-, Flucht- und Wohntürmen, aber auch die glänzenden silbernen oder goldenen Zwiebeltürme von Kirchen und Kathedralen. Diese Bauwerke machen den Besucher im Nu zum erstaunten Betrachter, der sich inmitten einer architektonischen Landschaft wieder findet, die typisch für Russland ist. Sie öffnet dem Gast ihre Pforten und fordert ihn zum Eintreten auf, um ein Schauspiel zu erleben, das an ein Märchen aus Tausendundeiner Nacht erinnert.

Musik und Gesang, die man nur als erhaben bezeichnen kann, begleiten die Liturgie. Der verblüffte Besucher ist minutenlang außerstande, Himmel und Erde zu unterscheiden. Nach der Prozession der Heiligen jedoch erklingt auf den Feldern der heitere Klang des Tanzes: Urplötzlich wechselt die Szenerie und die Bühne füllt sich mit Tänzern, die sich fast orgiastisch der Musik hingeben. Dazu erklingen Lieder von Lust und Liebe und dann stimmen Frauenchöre herzergreifende, traurige Weisen an. All dieser Zauber zeugt vom Erbe der slawischen und russischen Folklore.

Während die Musik noch mehr im Herzen als in den Ohren nachklingt, setzt der Reisende seine Fahrt durch die Straßen von Klein- und Großstädten fort, wo sich ihm auf Bürgersteigen, in Schaufenstern und in Museen Dauerausstellungen hoher Handwerkskunst bieten: Solide, farbenprächtige Objekte der Holzschnitzer konkurrieren mit ungemein raffinierten Kleidungsstücken und traditionell bestickten Stoffen sowie den Meisterwerken der Goldschmiede.

20 Der Rote Platz erstreckt sich vor der Ostmauer des Kreml, begrenzt von der Basilius-Kathedrale im Süden, dem Staatlichen Historischen Museum und den Himmelfahrtstoren im Norden sowie der Kasaner Kathedrale und den Oberen Handelsreihen mit dem Kaufhaus GUM im Osten. Hier findet man Läden aller Art – ein Tribut an die inzwischen weit fortgeschrittene Verwestlichung.

21 Das Hard Rock Cafe in der Arbatstraße in Moskau ist ein Symbol für den neuen Kurs, den Russland eingeschlagen hat. Waren und Lebensstile, die einst als antisowjetisch und subversiv galten, sind heute Bestandteil des Moskauer Alltagslebens. Es ist kein Zufall, dass Englisch bei den jungen Russen inzwischen die zweithäufigste Fremdsprache ist: Sie betrachten die angelsächsische Welt – vor allem die USA – als Modell für die eigene Zukunft.

Russland bedeutet auch Asien, und zwar keineswegs in dem Sinn, den Westler diesem Begriff so unbedacht zugeordnet haben. Man braucht sich in diesem Zusammenhang nur die alten Griechen in Erinnerung zu rufen, die Asien als kleines Stück Land beschrieben haben, das, von den Alanen bewohnt, an der Wolga begann und sich in westlicher Richtung bis zum nördlichen Vorland des Kaukasus erstreckte. Arnold Toynbee hatte ganz Recht, wenn er es lächerlich fand, dass leichtfertige Geographen die maximal 1894 m hohe Kette des Ural zur Grenze zwischen Europa und Asien erklärten. Die Bergkette wirkt, wie man zugeben muss, als solche nicht überzeugend, ja kaum als Grenze zwischen zwei Provinzen. Sie entspricht vielmehr einer geographischen Linie, die noch nicht einmal Sibirien vom europäischen Russland trennt, das sich mit den gleichen Völkern, der gleichen Landschaft und dem gleichen rauen Klima ohne Unterbrechung weiter nach Osten erstreckt. Wer Russland besucht, erlebt Europa und Asien in einem, denn die Reise führt durch Eurasien, das ein viel handfesterer und konkreterer Kontinent ist, als viele Wissenschaftler bisher begriffen haben.

Es ist kein Zufall, dass es eine derartige, geradezu chaotisch anmutende Fülle von Erklärungsversuchen für den Ursprung des Namens „Russland“ gibt. Das Spektrum der Hypothesen reicht dabei vom Namen einer kleinen Stadt unweit von Kiew bis zu weit komplizierteren Ableitungen aus dem Finno-Ugrischen.

Auch wenn man es nicht überbewerten sollte: Allein deshalb, weil kein anderes Metall als wertvoller gilt und Historiker wie Kritiker den Kranz der alten Städte rund um Moskau den Goldenen Ring nennen, sollte dies den Touristen daran gemahnen, dass seine Reise durch die Geschichte am besten in der ehemaligen Kiewer Rus beginnt. Kiew jedoch ist heute Hauptstadt der unabhängigen Republik Ukraine: Kleinrussland hat sich losgelöst.

Nach der Aufteilung der Kiewer Rus in Kleinfürstentümer (11. Jahrhundert) entstanden weiter im Norden reiche und mächtige Handelsstädte. Die erste war Wladimir, das 1108 von Wladimir II. Monomach als Grenzfestung gegründet wurde. Macht und Bedeutung der Stadt nahmen zu, nachdem Fürst Andrej Bogoljubskij von Kiew (vermutlich um 1160) die kostbare und allgemein verehrte Ikone der Muttergottes in die Stadt bringen ließ. Diese war fortan unter der Bezeichnung „Gottesmutter von Wladimir“ (Wladimirskaja) bekannt und galt als die himmlische Beschützerin aller russischen Länder. Bereits 1157 wurde Wladimir Hauptstadt des Fürstentums Wladimir-Susdal. Damit begann eine Blütezeit des Kirchenbaus, die der Frömmigkeit von Fürsten und Kaufherren zu verdanken war. Zwischen 1158 und 1161 errichtete man die Mariä-Entschlafens-Kathedrale als dreischiffige Kreuzkuppelkirche. Nach einem Brand im Jahr 1185 wurde das

Gotteshaus erweitert, unter anderem erhielt es vier neue Kuppeln. Das Innere der Kathedrale schmückt ein mächtiger Pantokrator. Zwischen 1194 und 1197 entstand auf Geheiß des Großfürsten Wsewolod III. ein weiterer, ähnlich bedeutsamer Sakralbau: die Demetrius-Kathedrale. Die dreischiffige Kreuzkuppelkirche mit reichem plastischem Dekor weist Freskenreste aus dem Jahr 1194 auf, die größtenteils von einem griechischen Meister stammen. Weitere Sakralbauten des 12. Jahrhunderts, darunter das Fürstinnenkloster, wurden zerstört und später nachgebaut.

In Wladimir verdient vor allem das Goldene Tor (1158–1163) Beachtung, das nur noch in seinem Kern dem Ursprungsbau entspricht, während die Anbauten aus dem 18. Jahrhundert datieren. Das Tor hat als einziges die Angriffe der mongolischen Reiterhorden überstanden, die ab 1230 in das Land einfielen. Sie plünderten die herrlichen Kreml, Kirchen, Kathedralen, Paläste und Klöster, zerstörten sie bis auf die Grundmauern und verwüsteten im einst blühenden Russland Dorf für Dorf.

Wenn man am Ufer des Nerl von Wladimir nach Susdal reist und so am Goldenen Ring entlangfährt, stößt man bei Kideska auf die Ruinen eines großen befestigten Schlosses aus dem 12. Jahrhundert, in dem eine der ältesten Steinkirchen Nordrusslands steht. Einer glaubwürdigen Legende zufolge legten die heiligen Märtyrerbrüder Boris und Gleb auf ihrer Rückreise von Rostow ins heimatliche Kiew hier eine Rast ein.

Ebenfalls am Nerl bildet die hübsche, unter Fürst Andrej erbaute Maria-Schutz-Kirche im Herzen des Dorfes Bogoljubowo eine spirituelle Oase. Auf dieser Route erreicht man auch Susdal, das erstmals 1024 erwähnt wird. Im 12. und 13. Jahrhundert war Susdal Hauptstadt des Fürstentums Rostow-Susdal. 1238 von den Tataren zerstört wurde es im selben Jahrhundert wieder aufgebaut und mit einem Ring befestigter Klöster verstärkt wurde. Unter diesen ist das Maria-Schutz-Kloster aus dem Jahr 1364 nahezu vollständig erhalten. Dort kann man die Kirche des heiligen Lazarus (1667) und jene des heiligen Antipius (1745) mit ihrem charakteristischen achteckigen Glockenturm bewundern. Das Gotteshaus diente als Winterkirche. Der imposante Kreml birgt die reich mit Ikonen und Fresken geschmückte Muttergottes-Geburt-Kathedrale, die seit kurzem wieder in altem Glanz erstrahlt.

Mit Worten lässt sich die bezaubernde Schönheit des Goldenen Tores kaum würdigen, das als Meisterwerk der altrussischen Ikonenkunst gilt. Ebenso reich an Kunstobjekten und Malereien ist das Erlöser-Euthymios-Kloster – einst Gefängnis, heute erlesenes Museum. Der Bischofspalast und ein großes Freilichtmuseum für Holzarchitektur, das unter anderem die sorgfältige Rekonstruktion eines altrussischen Dorfes zeigt, erinnern daran, dass die Kreml ursprünglich völlig aus Holz erbaut waren. In den befestigten Klöstern

22 oben Eine junge Moskauerin posiert auf dem Rand eines Brunnens, um sich in der sommerlichen Hitze ein wenig Kühlung zu verschaffen. Der russische Sommer kann genauso heiß werden wie der westeuropäische.

22 unten In weißem Brautkleid, mit Blumenstrauß und einem Lächeln auf den Lippen flaniert diese Braut nach der Trauungszeremonie durch die Straßen Moskaus. Die Aufnahme gibt viel vom neuen Russland preis, das Schönheit, Vertrauen in die Zukunft und den Willen aufzufallen miteinander verbindet.

23 Gepflegte Grünflächen, frisch gestrichene Paläste, Satellitenschüsseln und Männer und Frauen, die sich nach Feierabend auf den Bänken entspannen: Auch diese Bilder, die aus jeder anderen Hauptstadt stammen könnten, belegen, wie sich das Leben in Moskau verändert hat.

24–25 Dieses Naturschutzgebiet liegt am Rande der einsamen Tundra, zu Füßen des Vulkans Kronotsky, einem von 200 Vulkanen auf der Halbinsel Kamtschatka. Im Frühling und Herbst setzen Bäume und andere Pflanzen in der grünen Region Farbakzente, die mit der rotbraunen Erde gleichermaßen harmonieren und kontrastieren.

wie dem Pokrowskij-Kloster findet man vor allem Bauten aus dem 16. und 17. Jahrhundert. Susdal, dessen Glanz und Macht lange verblasst sind, bleibt künstlerisch sehenswert und bildet die Seele des Russlands, das die Quelle für die ästhetische und moralische Größe aller Russen ist.

Noch älter als Susdal ist Jaroslawl, das 1010 als Festung entstand. Dank ihrer Lage an „Mütterchen Wolga", dem großen Strom, der als Hauptverkehrsader Russlands dient, spielt die Stadt eine wichtige Rolle im Handel. Materieller Wohlstand und der Überfluss an Gold ließen Jaroslawl niemals die geistigen Werte vergessen, sodass sich in der Stadt eine eigene Kunstschule entwickelte. Ein typisches Merkmal der Kunst von Jaroslawl ist die Verwendung von farbigen Emails und Majoliken am Außenbau, etwa an der Kirche zu Christi Erscheinen, am Christi-Verklärungs-Kloster aus dem 12. Jahrhundert und an der Eliaskirche, die im 17. Jahrhundert erbaut wurde.

Auf der Weiterfahrt entlang des Goldenen Rings gelangt man zur Stadt der ewigen Schönheit. Rostow, das im 12. bis 17. Jahrhundert Rostow Welikij (Großrostow) hieß, wartet mit mächtigen, eleganten Türmen, dem wie die Schöpfung eines erfindungsreichen Theatermalers wirkenden Kreml und prächtigen Gotteshäusern auf, unter anderem die Christi-Auferstehungs-Kirche mit herrlichen Gemälden, deren Ikonostase wohl die schönste des Landes ist. Großrostow erlebte seine politische und künstlerische Blütezeit im 13. Jahrhundert. Nach dem Anschluss an Moskau ging es wie in Susdal wirtschaftlich bergab. Ihre künstlerische und geistliche Stellung konnte die Stadt jedoch halten.

Unmittelbar vor Moskau erreicht man am Goldenen Ring die Stadt Sergijew Possad (früher Sagorsk), den heutigen Sitz des russischen Patriarchats. Sie wurde vom heiligen Sergius von Radonesch, der nach jahrelangem Eremitenleben Mönch wurde, als Kloster gegründet. Über der ersten Holzkirche erhebt sich heute die Dreifaltigkeitskathedrale, für die Andrej Rubljow unter anderem die Ikone der Heiligen Dreifaltigkeit schuf, ein beispielloses Meisterwerk an Kunst und theologischer Aussage. Man sollte Sergijew Possad nicht verlassen, ohne einen Blick auf die blaugoldenen Kuppeln der Mariä-Himmelfahrts-Kathedrale geworfen zu haben.

Auf der Weiterfahrt nach Westen erreicht man das mächtige Nowgorod, die erste alte Flusshandelsstadt, in der die Russen auf die Waräger warteten – Nordmänner, die nach Süden segelten, um den Slawen Handwerksprodukte und Stoffe abzukaufen. Nowgorod wurde 859 am Wolchow von dem Waräger Rurik gegründet, der auch der erste Fürst werden sollte. Unter Wladimir II., dem Großen, konvertierte die Stadt geschlossen zum Christentum und bereits 1030 wurde sie Bischofssitz. Bis heute übt der Metropolit von Nowgorod das gleiche Amt auch in St. Petersburg aus. Der gegen Ende des 15. Jahrhunderts erweiterte Kreml von Nowgorod gehört zu jenen, die sich rühmen können, bei den Einfällen der Turko-Mongolen niemals erobert worden zu sein. Ganz im Gegenteil, die Goldene Horde nutzte ihre freundschaftlichen Beziehungen zu Nowgorod, um den Handel mit dem übrigen Europa auszuweiten. Die eindrucksvolle, zwischen 1045 und 1050 erbaute Sophienkathedrale sollte in Größe, Anlage und Schönheit mit ihrem berühmten Gegenstück in Kiew wetteifern.

Im Norden, außerhalb der Stadt, zeugt vom alten Antoniuskloster (vermutlich die Gründung eines katholischen Mönchs, der zur Orthodoxie übergetreten war) nur noch die Kirche der Geburt Mariens (1117). Unter den Schätzen, die das Nowgoroder Museum für Geschichte, Architektur und Kunst hütet, dürften selbst weniger kunstliebende Besucher jene große Ikone aus der Mitte des 15. Jahrhunderts bewundern, die den Titel „Schlacht der Nowgoroder gegen die Susdaler" trägt. Die drei Szenen zeigen, wie Nowgorod, das vom Susdaler Heer (das die Stadtmauern angreift) belagert wird, am Ende durch das Eingreifen der Muttergottes, einer der meistverehrten Ikonen Russlands, errettet wird.

Von Nowgorod aus setzt sich die Reise entlang des Goldenen Rings in Richtung Pskow (Pleskau) fort. Für die alten Russen bedeutete die Ankunft in Pskow das Ende der Pilgerfahrt des Wissens und der Liebe zur Geschichte und zum Geist der russischen Lande.

Der Kreml von Pskow und die glänzenden Kuppeln seiner Kirchen, die einst schon von weitem zu erkennen waren, verbreiten weiterhin das unsichtbare Licht einer inneren Spiritualität, die der Botschaft von Glaube und Liebe treu bleibt. Diese Botschaft wurde auch von der Kiewer Fürstin Olga hierher gebracht, die zum Christentum konvertiert war, in Pskow das Evangelium verkündete und dort ein Kreuz errichteten ließ. 1348 wurde Pskow von Nowgorod unabhängig. Die imposanten Tore der prächtigen Dreifaltigkeitskathedrale gehören zu den schönsten der Welt. Die Kathedrale des Miroschskij-Klosters gilt als ältester erhaltener Steinbau in Pskow und gehört sicher zu den ältesten Kirchen in ganz Russland.

Der Komplex von Holzbauten auf der Insel Kischi im nördlichen Teil des Onegasees (östlich von St. Petersburg) liegt zwar abseits des Goldenen Rings, sollte jedoch nicht unerwähnt bleiben. Unzählige, mit Schindeln gedeckte Kuppeln (die Kirche der Verklärung Christi aus dem Jahr 1714 besitzt davon nicht weniger als 22) zieren die Kirchen aus handbehauenem Holz, deren Innenräume herrliche Ikonen schmücken, die sich in das Gedächtnis der glücklichen Besucher einprägen.

Die Stadt St. Petersburg an der Mündung der Newa in den Finnischen Meerbusen entstand auf Geheiß Zar Peters des Großen als „Fenster nach Europa", als Bei-

spiel für die Modernisierung des Landes und, um Moskau seiner privilegierten Stellung als „Motor" und Herz Russlands zu berauben. Dies war eine Einladung an die bekanntesten und begabtesten Architekten, Künstler und Kunsthandwerker Europas, die hier am Ostseestrand beim Bau neuer Häuser und Paläste im Stil des 18. Jahrhunderts miteinander wetteiferten. Italiener wie Quarenghi, Rastrelli und Rossi wurden eingeladen, hier zu arbeiten, und der Einfluss der italienischen Renaissance ist im großen historischen Stadtkern von St. Petersburg und an den prächtigen Palästen der Zaren deutlich abzulesen. Die Stadt wurde rasch das, was sie sein sollte: das wissenschaftliche und künstlerische Herz des Russischen Reiches mit über 40 Hochschulen, Hunderten von Forschungsinstituten, 18 großen Theatern, 50 Museen (darunter die Eremitage, eines der wichtigsten Museen der Welt), mehr als 2 000 öffentlichen Bibliotheken, einer bedeutenden Werft (die zu den größten Europas zählt), großen Fabriken, Touristenattraktionen und Denkmälern für Forscher, Schriftsteller, Musiker, Militärs und Zaren. Ferner findet man hier Paläste und andere Bauwerke in vielen verschiedenen Stilen, vom Barock bis zum Orientalismus. Hinzu kommen Kirchen, Klöster und Kanalbrücken. Berühmt ist die Stadt auch für ihre „Weißen Nächte" und für die surreale Atmosphäre in den Straßen, vor allem des Newski Prospekts, über den Gogol und Dostojewski so viele lesenswerte Seiten geschrieben haben und auf dem der Mythos von St. Petersburg beruht.

Ein Kernpunkt der Stadt ist die Peter-und-Pauls-Festung, die auf einer Insel liegt. Von der Newa aus wirkt sie nicht besonders imposant, wenn man sich ihr jedoch nähert, wird deutlich, dass sie mit ihren scharf umgrenzten, zu Bastionen verlängerten Sechseckbauten und deren geraden, parallelen Verbindungsmauern (Kurtinen) den größten Teil der Insel einnimmt. Die Außenmauern sind 4 bis 6 m, die Innenmauern 1,5 bis 2 m dick. Ihre Höhe schwankt zwischen 9 und 12 m. Als berühmtesten (unfreiwilligen) Gast beherbergte die Festung durch eine Laune des Schicksals den Sohn ihres Erbauers, Zarewitsch Alexej, den sein Vater Peter I. dort töten ließ. Andere bekannte Häftlinge waren verschiedene Schriftsteller, darunter A. N. Radischtschew, Autor des Romans „Reise von Petersburg nach Moskau" (1790). Der Roman prangert die unmenschlichen Lebensbedingungen der Bauern unter Katharina II. an. 1825 füllten sich die Verliese der Festung mit Dekabristen, die sich gegen die absolute Macht des Zaren erhoben hatten. 1849 wurde Fjodor Dostojewski unter der Anklage der Verschwörung in der Festung eingekerkert. Später saß der Philosoph und Autor Tschernyschewskij dort ein. 1877 wurde Alexander Uljanow zum Tode verurteilt und eröffnete so eine lange Reihe von Ereignissen, die schließlich zum Bolschewismus führten, war er doch der ältere Bruder Wladimir Iljitsch Uljanows, besser bekannt als Lenin.

Die Festung umschließt unter anderem die Peter-Pauls-Kathedrale, ein Werk des italienischen Architekten Domenico Trezzini im eleganten Barockstil. Ihr vergoldeter Turmhelm, der 40 m hoch aufragt, ist vom gegenüberliegenden Newa-Ufer deutlich zu erkennen und diente jahrelang als Glockenturm. Mit einer Höhe von 122,5 m war er das höchste Bauwerk Russlands. Die Kathedrale besitzt eine originale Ikonostase aus geschnitztem und vergoldetem Holz. Neben der Festung steht die „Maisonette“, jenes Haus, das sich Peter der Große in nur drei Tagen als Ruhesitz errichten ließ.

Überquert man die Newa, stößt man zur Rechten auf die Wassilij-Insel mit ihren geraden, regelmäßigen Straßen. Zur Linken hingegen erhebt sich die Admiralität, an deren Stelle einst ein dichter Wald aus Kiefern und Birken wuchs, den man auch rodete, um eine schnurgerade Straße anzulegen, die nach Moskau führt. Sie wurde ab 1738 nach und nach mit Häusern und Geschäften bebaut. So entstand der berühmte Newski Prospekt. Die Harmonie seiner Bauwerke, die aus unterschiedlichen Epochen stammen, verdient Beachtung: Im Verlauf von zwei Jahrhunderten wurden Seite an Seite Hunderte von Häusern und Palästen unterschiedlichster Bauart errichtet, die dennoch zueinander passen und im Verhältnis zur Breite die richtige Höhe einhalten. Die Fußgänger spazierten zunächst auf Kiefernbohlen, die zunehmende Zahl und Schwere der Wagen machte schließlich jedoch eine Asphaltdecke erforderlich.

Der Newski Prospekt ist heute eine Geschäfts- und Einkaufsstraße, beherbergt jedoch auch kulturelle Einrichtungen, darunter Theater, Bibliotheken und Kinos, sowie Restaurants. Jedes Gebäude und jede Wohnung hat eine interessante Geschichte, die stets am Alexander-Newski-Platz, entlang der Straße nach Moskau, endet – genauer gesagt vor den Toren des Dreifaltigkeitsklosters, das zwei prächtige Kathedralen besitzt.

An der Admiralität vorbei passiert man jene Gärten, an deren Ende sich majestätisch und imposant die Isaaks-Kathedrale erhebt, die 14 000 Menschen aufnehmen kann. Alle statistischen Angaben zu diesem Gotteshaus sind erstaunlich: Von den 24 000 Pfählen, die das Fundament bilden, bis zu den 112 jeweils 130 t schweren und 15 m hohen Säulen, den 382 Statuen und dem 98 m langen Foucault'schen Pendel. Spaziert man weiter am linken Ufer der Newa, stößt man auf das Denkmal Peters des Großen, das ihm Katharina II. widmete und das durch Puschkins Gedicht als „Eherner Reiter“ bekannt wurde. Auf der linken Seite der Gärten öffnet sich der weite Platz vor dem Winterpalais (heute Sitz des Eremitage-Museums), den das Generalstabsgebäude, das Außenministerium und der zur Herzenstraße und weiter zum Newski Prospekt führende Triumphbogen säumen (nur wenige Schritte vom Puschkin-Museum mit der Wohnung des Dichters entfernt). Auf dem Platz erhebt sich – in der Tradition ita-

26 Puschkin, das ehemalige Zarskoje Selo (Zarendorf), liegt etwa 20 km südlich von St. Petersburg. Peter der Große schenkte seiner Gattin Katharina I. ein großes Anwesen, auf dem später Elisabeth, die Tochter des Zarenpaars, einen Palast erbauen ließ. Der rechte Flügel birgt die Kirche mit russischen Barocktürmen, ein Meisterwerk des italienischen Architekten Bartolomeo Francesco Rastrelli.

27 oben Das auf Schloss Peterhof (Petrodworez) unweit von St. Petersburg entstandene Foto zeigt eine der etwa 150 Fontänen im Park des Großen Schlosses, das Peter der Große ab 1714 als Sommerresidenz erbauen ließ.

27 unten Das Große Schloss von Peterhof mit seiner scheinbar endlosen Fassade besitzt zwei Gärten: einen höher gelegenen am Haupteingang und einen tiefer gelegenen, rückwärtigen, der auf die Ostsee blickt. Ein komplexes Leitungsnetz, das das zum Meer abfallende Terrain und die See einbezieht, speist die Springbrunnen und Kaskaden.

28–29 Der Springbrunnen im Kaufhaus GUM sprudelt im Zentrum des berühmten Gebäudes am Roten Platz. Das vollkommen erhaltenen Bauwerk steht für die elegante Architektur des späten 19. Jahrhunderts. Infolge der wirtschaftlichen Veränderungen der letzten Jahre hat sich Moskaus ältestes Warenhaus drastisch verändert. Das GUM wetteifert nun mit den elegantesten europäischen Kaufhäusern wie Harrods in London oder der Galeries Lafayette in Paris.

lienischer Plätze – eine Säule, die Zar Alexander gewidmet ist.

Die Sammlung der Eremitage gilt als märchenhaft reich und fast unermesslich (mit Recht, denn sie beherbergt wenigstens 2,5 Millionen Meisterwerke). Wollte man die zahllosen Gebäude und Denkmäler beschreiben, denen man auf dem Weiterweg begegnet, müsste man Tausende von Seiten füllen, um ihnen zumindest ein wenig gerecht zu werden.

Vorbei an der Isaaks-Kathedrale erreicht man den Theaterplatz. Der größte Theaterbau, das Marinetheater, ist die Stätte, an der die Werke von Glinka, Tschaikowsky, Mussorgski, Rimski-Korsakow, Glasunow und Prokofjew (um nur die bedeutsamsten zu nennen) ihre Uraufführung erlebten. Es folgen das Konservatorium, die Nikolauskirche, die Synagoge und der Bogen von Neu-Holland.

Etwa 30 km von St. Petersburg entfernt liegt Schloss Peterhof. Hier steigen als Ausdruck der Lebensfreude fast 2 000 Wasserstrahlen aus etwa 150 Fontänen in den Himmel. Inmitten der Anlage steht das Große Schloss, das Rastrelli 1746 bis 1755 vergrößerte. Das Werk des großen italienischen Architekten kann man auch in Puschkin (früher Zarskoje Selo) studieren, einer Kleinstadt 25 km vor St. Petersburg. Dort steht der große Katharinenpalast mit seiner über 300 m langen Fassade.

An dieser Stelle könnte man den berühmten Schnellzug „Roter Pfeil“ besteigen, um in scharfem Kontrast nach Moskau zu fahren, das auf Geheiß des Susdaler Fürsten Jurij Dolgoruki entstand, der dort 1156 einen kleinen Kreml erbauen ließ, die Urzelle jenes Komplexes, der heute als *der* Kreml bekannt ist. Zunächst zogen einige wohlhabende Kaufleute in die Neugründung an der Moskwa und innerhalb weniger Jahre gewann die Stadt derart an Bedeutung, dass sich Iwan I. nach der Vereinigung der nordrussischen Fürstentümer zum „Großfürsten von Moskau und ganz Russland“ erklärte. Unter Iwan III. wurde der Kreml erweitert. Als Erstes entstand zwischen 1475 und 1479 die von Fioravanti erbaute Mariä-Himmelfahrts-Kathedrale. Es folgte die Mariä-Verkündigungs-Kathedrale (erbaut zwischen 1484 und 1489). Sie besitzt heute dank der Werke von Theophanes dem Griechen und Andrej Rubljow eine der kostbarsten Ikonostasen der Welt. Der 1491 erbaute Erlöserturm war früher der Haupteingang des Kreml. Zu den beiden ersten Kirchen gesellte sich bald die Erzengel-Kathedrale (errichtet zwischen 1505 und 1508), die die Gebeine von Großfürsten und Zaren birgt. Andere kaiserliche Kirchen bekunden ihren hohen baulichen Anspruch mit goldenen Kuppeln, die sich über die prächtigen Paläste des Kreml erheben. Iwan IV., seit 1547 Zar, ließ auf dem Platz vor dem Kreml die Basilius-Kathedrale erbauen, um seinen Sieg über die Tataren bei Kasan zu feiern.

Den zweiten Moskauer Kreml bildete eine Gruppe von sechs befestigten Klöstern südlich der Stadt, von

INTERSPORT
INTERSPORT
L'OREAL

denen nur ein architektonischer Schatz die Zeiten überdauert hat: das Neujungfrauen-Kloster aus dem Jahr 1524. Seine der Himmelfahrt Mariens geweihte Kirche ziert eine der prächtigsten und am besten erhaltenen Ikonostasen von ganz Russland.

Außerhalb des Kreml dehnt sich das neue und alte Moskau des 18., 19. und 20. Jahrhunderts aus, vom Museum für Russische Geschichte mit seiner schönen Ziegelfassade zur Linken des Roten Platzes über das lang gestreckte Gebäude des Kaufhauses GUM direkt gegenüber dem Kreml bis in die Innenstadt. Hinter den Resten der alten Mauer der „Chinesenstadt" erreicht man das neoklassische Gebäude des Bolschoitheaters und sein gegenüberliegendes Pendant, das Kleine Theater mit sehr interessantem Repertoire.

Ein Besuch der Moskauer Theater ist stets die Zeit wert, die man ihnen widmet. Vom Manegenplatz aus kann man die Twerskaja (bis vor kurzem Gorkistraße) entlangschlendern, die das Moskauer Gegenstück zum Newski Prospekt bildet. Wenn man nach dem Passieren der Reitschule in die andere Richtung abbiegt, gelangt man zur Nationalbibliothek und schließlich zum eleganten Puschkin-Museum, das nur der Eremitage nachsteht und für seine Sammlung französischer Impressionisten berühmt ist.

Geht man ein Stück weiter und überquert die Moskwa, so steht man vor der Tretjakow-Galerie, die eine der umfassendsten Sammlungen russischer Kunst und weltweit die schönsten Ikonen beherbergt, darunter die „Jungfrau von Wladimir", die Dreifaltigkeitsikone von Rubljow, die Ikonen von Dionisij und die schönsten Werke der Schulen von Pskow, Nowgorod, Kiew und Moskau. Dahinter erheben sich auf dem Sperlingshügel – von dem aus Napoleon den Brand Moskaus beobachtete, den die Bevölkerung angefacht hatte – die Hochhäuser der Lomonossow-Universität, an der 24 000 Studenten in 45 000 Sälen unterrichtet werden.

Neben den alten und neuen Gebäuden bilden die ausgedehnten Gärten und Parks den wahren Schatz Moskaus, von denen einige angelegt wurden, während man andere im Naturzustand belassen hat (Gorki-Park, Ostankino-Garten, Botanischer Garten, Sokolniki- und Ismailowskij-Park, um nur die wichtigsten zu nennen). Jeder dieser Orte verkörpert einen ganz eigenen Charakter und hat seine ganz eigene Atmosphäre.

Es würde den Rahmen dieses Buches sprengen, all die Schönheiten der Städte, Städtchen und Dörfer Russlands zu beschreiben. Eines sei jedoch noch gesagt: Russland lässt sich weder mit dem Verstand ergründen noch nach gewöhnlichen Maßstäben beurteilen. Es hat sein ganz eigenes Wesen und man sollte es nur mit offenem Herzen bereisen.

Die Worte Sergej Alexandrowitsch Jessenins drücken aus, was Russland verkörpert: „Ich brauche kein Paradies, gebt mir mein Heimatland!"

Unvergängliches Moskau

30 oben Zwei Symbole charakterisieren dieses Foto von Moskau: ein imposanter Palast im Stil der Stalin-Gotik und die Glaspyramide, die einer U-Bahn-Station Licht spendet. Das sowjetische Moskau und das Zukunftstechnologien zugewandte Moskau von heute müssen nun miteinander auskommen.

30 unten An der Rückseite des Kreml, umspült von den Fluten der Moskwa, erhascht man einen Blick auf die hohen Mauern des berühmtesten Festungskomplexes in Russland. Der erste Kreml des Landes entstand im 11. Jahrhundert in Nowgorod.

31 Die Basilius-Kathedrale ist das Wahrzeichen Moskaus und vielleicht ganz Russlands. Niemand würde ihr den Rang als repräsentativstes Denkmal des Landes streitig machen. Mit ihren zwiebelförmigen Kuppeln ist sie weltweit ebenso bekannt wie Westminster Abbey in London oder der Pariser Louvre (und vielleicht noch bekannter). Ähnlich berühmt ist allenfalls die Markuskirche in Venedig.

32–33 Das große Kaufhaus GUM (Gosudarstvij Universalnij Magasin) wurde zwischen 1888 und 1893 erbaut. Lange als sowjetische Antwort auf kapitalistischen Konsum betrachtet, birgt es heute ein riesiges Einkaufszentrum, in dem man unter anderem Lebensmittel, Kleidung und Möbel findet. Die etwa 250 m lange Fassade des Gebäudes hat der russische Architekt Alexander Nikolajewitsch Pomeranzew entworfen.

ДОМ МУЗЫКИ
8 октября
НАЦИОНАЛЬ
Дирижер ВЛ
ЛУБЯНСКАЯ
LUBYANSKAYA
300м
РУСИЧ ЦЕНТР БАНК
ВСЕ ВИДЫ БАНКОВСКИХ УСЛУГ

ЫЙ ФИЛАРМОНИЧЕСКИЙ
ЕСТР РОССИИ
ДИМИР СПИВАКОВ
ОТКРЫТИЕ СЕЗОНА
Генеральный спонсор
SKY LINK
Больше возможностей и достоинств
АЭРОФЛОТ

Märchenhafte Bauwerke

34 Zwei prächtige Moskauer Bauwerke stehen praktisch vis-a-vis: der Erlöserturm (Spasskaja baschnja) inmitten der Kremlfassade zum Roten Platz wetteifert – der Höhe nach – mit dem Mittelturm der Basilius-Kathedrale.

35 oben Drei Gebäude am Roten Platz bieten bei Nacht ein Bild wie aus einem Märchen: links die mächtige Kremlfestung der russischen Zaren, rechts (in der Ferne) das von Nebel umwallte Staatliche Historische Museum und in der Mitte – wie auf einer Drehbühne – die Basilius-Kathedrale, erbaut zum Gedenken an den Sieg Russlands über die Tataren.

35 Mitte Panoramablick auf den Kreml bei Nacht. In den Kathedralen wachen der Erzengel Michael, die Muttergottes und die Heiligen auf den Ikonen liebevoll über das russische Volk.

35 unten Der Glockenturm „Iwan der Große“ wurde 1600 unter Zar Boris Godunow mit dem Hinzufügen des oberen Teils der Kuppel vollendet. Mit seinen 81 m Höhe war der Glockenturm, der aus fünf achteckigen Etagen und einem runden Obergeschoss besteht, bis ins 20. Jahrhundert das höchste Gebäude in Moskau. Die riesigen Goldlettern am dreifachen Fries des Kuppeltambours nennen Erbauer und Baujahr.

36–37 Die Statue Marschall Schukows thront auf dem Platz der Revolution gegenüber dem Gebäude des Staatlichen Historischen Museums. Schukow war ein Held des Zweiten Weltkriegs: Er stoppte Hitler vor den Toren Moskaus.

38–39 Von der Moskwa genießt man einen herrlichen Blick auf den Präsidentenpalast. Die neue Trikolore der Russischen Föderation weht nicht am Mast, also ist der Präsident unterwegs.

БАНКЕТЫ, СВАДЬБЫ, КРУИЗЫ
НА ТЕПЛОХОДЕ
(095) 505-20-23
505-13-52
РЕСТОРАН "ВЕЧ
(095) 505-20-23
505-13-52

НЯЯ МОСКВА"

40 oben Die Mariä-Verkündigungs-Kathedrale ist ein wahres Schmuckstück. Zunächst unter Andrej II., dem Sohn Alexander Newskijs, aus Holz erbaut, ließ sie Iwan der Große 1554 nach einem Brand neu errichten. Zwischen 1863 und 1867 wurde das Gotteshaus von Grund auf restauriert. Die vergoldeten Kuppeln der neun Kapellen sind weithin zu erkennen.

40 unten Über die Mauern des Kreml erheben sich die vergoldeten Dächer und Kuppeln der Verkündigungs-Kathedrale, die am höchsten Punkt der Festung steht.

41 oben links Die Mariä-Gewandlegungs-Kathedrale wurde zwischen 1484 und 1485 erbaut. Wie die Mariä-Verkündigungs-Kathedrale ist sie das Werk von Meisterarchitekten aus Pskow (Pleskau), einer der ältesten russischen Städte, wo man bereits im frühen Mittelalter in Stein baute.

41 oben rechts Der von Bon Frjasin entworfene Glockenturm „Iwan der Große“ wurde 1600 unter Zar Boris Godunow vollendet. Die 34 unterschiedlich großen Glocken erreicht man über 450 Stufen. Die größte Glocke, ein Geschenk Zar Alexanders I., wird nur an Weihnachten und Ostern geläutet.

41 unten Die vergoldeten Kuppeln könnten Seelen verkörpern, die sich zur Himmelfahrt anschicken.

42–43 Das Innere einer Kremlkathedrale ist vielleicht ein Abglanz des Paradieses, jener „anderen Welt“ hinter den Goldenen Toren.

44 und 45 Einst Residenz der Zaren, ist der 121 m lange und 128 m breite Große Kremlpalast immer noch Sitz der russischen Regierung. Er umfasst zahlreiche andere prächtige Gebäude und Räume: den Wladimir-, den Georgs- und den Goldenen Saal sowie den Terempalast, dessen herrliche Ikonen durch den vorwiegend roten Dekor noch prächtiger wirken.

46 links Die Rüstkammer des Kreml ist das älteste russische Museum. Nur wenige wissen, dass die kostbarsten Schätze der Zaren stets in diesem Gebäude blieben – selbst als Peter der Große die Hauptstadt und die Zarenresidenz im 18. Jahrhundert nach St. Petersburg verlegte. Ausgestellt sind unter anderem die berühmten Ostereier, die in der Werkstatt von Carl Fabergé für die Zarenfamilie gefertigt wurden. Diese Kunstwerke zeugen von großer Meisterschaft und ausgefeilter Technik.

46 rechts Ein weiteres Kunstwerk von unschätzbarem Wert und Zeugnis der Reichsgeschichte: eines von Zehntausenden von Exponaten der Rüstkammer (Oruschejnaja Palata).

47 Statt eine Kutschfahrt zu unternehmen, kann man in der Rüstkammer die reich geschmückten Staatskarossen der Zaren bewundern.

Oper und Ballett

48–49 Auf der Bühne des Bolschoitheaters, der Hohen Schule des Balletts, tanzen Jekaterina Maximowa und Wladimir Wassiljew das Finale aus Gawrilins Ballett „Anjuta“. Der Ruhm des Theaters ist mit dem großen Ballerino A. P. Gluschkow (1812) und der Inszenierung von Adans „Giselle“ (1843) verknüpft.

49 oben Das Bolschoitheater wurde 1780 als Petrowsky-Theater gegründet (damals hieß es nach der Straße). Nach einem Brand im Jahr 1805 baute man es 1824 wieder auf. Auch der Nachfolgebau wurde 1853 durch Feuer zerstört. Der Neubau erhielt eine bessere Akustik.

49 unten links Eine „Tosca“-Aufführung im Bolschoitheater. Zwischen dem Theater und den italienischen Künstlern, die dort im 20. Jahrhundert inszenierten, entwickelte sich eine besondere Beziehung. Diese Situation war für russische Künstler und Komponisten, geführt von P. I. Tschaikowsky, inakzeptabel. Die Rivalität trug jedoch Früchte: Der große russische Komponist schuf später weltweit aufgeführte Werke.

49 unten rechts Dieses Foto zeigt eine Szene aus dem Ballett „Anjuta“ mit J. Maximowa im Vordergrund. Die gebürtige Moskauerin war noch Elevin der Ballettschule, als sie am Bolschoitheater als Mascha in Tschaikowskys „Nussknacker“ debütierte. Unter der Regie von Galina Ulanowa hat sie alle wichtigen Rollen des Bolschoi-Repertoires getanzt. Ihre außergewöhnliche tänzerische Begabung ließ sie zur führenden Primaballerina ihrer Zeit werden.

Moskau – Stille und Chaos

50 oben Zahlreiche historische Brücken überspannen die Moskwa. Das Foto zeigt die berühmteste: die Bolschoi Kammenij Most, die die südliche Stadt mit dem Kreml verbindet.

50 Mitte Nach einem Spaziergang durch Moskau sorgt eine kurze Rast auf einer Parkbank für Erholung und Entspannung.

50 unten Die Moskauer verbringen ihre Freizeit gern in den Stadtparks. Der berühmteste ist der Gorki-Park, aber es gibt auch andere wie den Alexandrowski-Park (auf dem Foto), die an Wochenenden und Feiertagen gut besucht sind.

50–51 Die Straße nach St. Petersburg beginnt in der Twerskaja. Straßenbahnen und Autos teilen sich diese wichtige Verkehrsader, deren Bürgersteige zahlreiche Restaurants und elegante Läden säumen.

ЛУКОЙЛ
КУЛЬТУРА
Досуг
DHL
177-74-00
арств-участников СНГ !
КИШИНЕВ
2004
Coca-Cola
ВТОРНИК-5 000$,ЧЕТВЕРГ - 8 000$, СУББОТА - 12 000$
РСКАЯ 10 стр. 1
292-38-48
ул. Тверская, 12
229-1718
ОСЕНЬ
Baldinini
ЗИМА
929-3216
TOMMY HILFIGER
ТЦ "МЕГА"
ТК "ОХОТНЫЙ РЯД"
ТЦ "РАМСТОР СИТИ"
КОЛЛЕКЦИЯ ОСЕНЬ - ЗИМА
НОВЫЕ КОЛЛЕКЦИИ
adidas
НОВАЯ КОЛЛЕКЦИЯ
Lipton
Ford

52 Diese Fotos zeigen (von oben nach unten) das Hard Rock Cafe, das American Cafe und eine der vielen Filialen von McDonald's, die man überall in Moskau findet. In der Hauptstadt hat die Wirtschaft – stärker als im übrigen Land – eine Phase der vorsichtigen Öffnung zum Westen erlebt, deren Auswirkungen sich deutlich in Form der Bar- und Restaurantschilder zeigen, die immer öfter die lateinische Schrift verwenden, sowie in Werbeplakaten, die alle Mauern überziehen. Anders als zur Zeit des Kalten Krieges gilt Amerika heute als Vorbild.

52–53 „Gastronom Nr. 1" ist in Moskau keine bloße bürokratische Nummerierung. Das Luxusgeschäft an der Twerskaja (früher Gorkistraße) ist im wahrsten Sinne des Wortes die Nummer eins, beherbergt es doch das bekannte „Jelissejewskij Magazin", das nicht nur in Moskau berühmte Feinkostgeschäft, das seit Anfang des 20. Jahrhunderts existiert.

54–55 *Im Herzen von Moskau preist eine riesige Plakatwand die Verbindung zwischen Russland und Korea – im Schatten eines großen Markennamens. Elektronik und vor allem Telefonie sind die Trojanischen Pferde, mit denen große asiatische Firmen auf dem russischen Markt Fuß gefasst haben.*

55 oben Moskaus traditionell belebte Arbatstraße ist das Herz des modernen Russland. Hier flaniert man, kauft ein oder präsentiert seine neueste Kleidung.

55 Mitte Ein riesiges Werbeplakat für ein asiatisches Luxusauto krönt das Gebäude der Hauptniederlassung der Mobilfunkfirma MTS. Zwei Symbole für das Moskau am Anfang des dritten Jahrtausends vereint auf einem Bild.

55 unten Werbeplakate schmücken die Fassade des Kaufhauses Detskij Mir, das in einem Gebäude untergebracht ist, das einst zu den gefürchtetsten Symbolen für Totalitarismus und Terror zählte: dem Lubjanka-Gefängnis.

56–57 Alte Gebäude mit Werbeplakaten für einen neuen Lebensstil. Moskau ist immer noch eine Stadt der Widersprüche, in der Zeugen der Vergangenheit neben Vorboten einer neuen Zukunft existieren.

БОРОДИНО
НАЦИОНАЛЬ

ПЕРВЫЙ МЕХОВОЙ САЛОН
ОВАЯ ЯРМАРКА
23-26
сентября
tc-tv.ru
ПЕРВЫЙ
БАНК
737-02-53
Насл

Symbole des neuen Russland

58–59 Wenn die Arbatstraße (Arbat Uliza) die berühmteste Straße Moskaus ist, symbolisiert die Novy Arbat die urbane Gigantomanie der Nachkriegsjahre. Auf dem Foto ragt hinter auffälligen Leuchtreklamen einer der Zwillings-Wolkenkratzer aus den 1960er-Jahren empor.

59 Grelle Leuchtreklamen kennzeichnen die Novy Arbat. Sie entstand in den 1960er-Jahren durch den Abbruch eines ganzen Viertels, das Dutzende von Straßen, ein Kloster und mehrere Kirchen beherbergte. Im Rahmen desselben städtebaulichen Entwicklungsprogramms wurden vier Zwillings-Wolkenkratzer erbaut, in denen sich die Zentralen mehrerer wichtiger Ministerien befinden.

60–61 Die Neureichen des modernen Russland – Ölbarone, Bergbauindustrielle und Chefs von Telekommunikationsfirmen – sind die Spitze des Eisbergs einer Oberklasse, die Geld ausgeben und gesehen werden will. Im heutigen Moskau ist viel Platz für Statussymbole, die unter den Sowjets verpönt waren, zum Beispiel schnelle italienische Sportwagen.

Ferrari

lady & gentleman
L'OREAL

62 Die Innenpassage des GUM ist von Moskauern bevölkert, die hier im Winter geschützt flanieren und einkaufen können. Die architektonische Struktur ist seit der Gründung des Kaufhauses praktisch unverändert.

63 Berühmte Marken in einer Atmosphäre, die den Stil des 19. Jahrhunderts verkörpert und durch würdige Eleganz glänzt: Das große Moskauer Kaufhaus hat sich gegenüber der jüngsten Vergangenheit – in der endlose Schlangen vor halbleeren Regalen mit Waren zweifelhafter Qualität standen – gewaltig verändert.

64–65 Kuppeln, Fenster und Springbrunnen prägen das Einkaufszentrum Ochotny Rjad am nördlichen Ende des Roten Platzes.

66–67 Mit seiner etwa 250 m langen Fassade ist das Kaufhaus GUM seit über 100 Jahren ein Blickfang am Roten Platz.

Контек
258·00·24
Контек
258·00·24
Контек
SOBRANIE
СУШИ БАР
КЕФИР

2ой уровень
ЮВЕЛИРНЫЙ
СКИДКИ 30% - 50%
руб.

Vermächtnisse der Vergangenheit

68 oben Eine halbkreisförmige Galerie mit Kolonnade nach einem Entwurf von Vincenzo Brenna umrahmt den weiten Platz von Pawlowsk.

68 unten Da Zar Paul I., der das Sommerschloss Gatschina bevorzugte, Pawlowsk vernachlässigte, nahm sich die Zarin Maria Fjodorowna seiner an. Sie gab elegante Gebäude und andere Objekte für den großen Park in Auftrag und ließ die Innenräume prunkvoll mit schönen Möbeln, Gobelins, Gemälden, dekorativen Majoliken und erlesenem Geschirr ausstatten.

69 Pawlowsk liegt etwa 30 km südlich von St. Petersburg. Das Grundstück war ein Geschenk Katharinas II. an ihren Sohn und Erben Paul anlässlich der Geburt dessen Sohnes, des künftigen Zaren Alexander I. Das hier erbaute Schloss – entworfen vom schottischen Architekten Charles Cameron – wurde von Vincenzo Brenna in Zusammenarbeit mit Giacomo Quarenghi und Carlo Rossi vollendet. Im Ehrenhof steht eine ungewöhnliche Statue, die Paul I. in preußischer Uniform zeigt.

St. Petersburg – Juwel Russlands

70 In St. Petersburg erhebt sich die vergoldete Turmspitze der Admiralität über jene der kleinen Kapelle des Winterpalais. Im 17. Jahrhundert bezeichnete das Wort „Eremitage“ eine Vorrichtung in einem Schloss oder Parkgebäude, deren Mechanik einen reich gedeckten Tisch aus dem Untergeschoss emporbeförderte. Katharina II. ließ eine solche im Winterpalais installieren, um so einen abgeschiedenen Speisesaal für sie und ihre Gäste zu schaffen, in dem man nicht von Dienern gestört wurde. Nach und nach schmückte die Zarin den Raum mit schönen Gemälden, die letztendlich den Kern einer Kunstsammlung bildeten.

71 oben Der Schlossplatz (Dworzowaja Ploschtschad) bietet eine Fülle architektonischer Stile. An der Nordseite steht das Winterpalais, ihm gegenüber Rossis Generalstabsgebäude, das Alexander I. in Auftrag gegeben hatte. Im Osten folgt das Palais des Garderegiments. In der Mitte des Platzes ragt die 48 m hohe Alexandersäule empor. Sie erinnert mit dem Triumphbogen neben dem Generalstabsgebäude an Alexanders Sieg über Napoleon.

71 Mitte Blick auf St. Petersburg, der Stadt, die Russlands Willen bezeugt, die technologische Lücke gegenüber dem Westen zu schließen, indem man berühmte Westeuropäer einlud, hier tätig zu sein. Im 18. und 19. Jahrhundert waren dies meist Künstler und Architekten, im 20. und 21. Fachleute für industrielle Spitzentechnologien.

71 unten Der Kreuzer „Aurora“, der in der Nähe einer Brücke über die Newa ankert, hatte 1917 den symbolischen Auftrag, den ersten Kanonenschuss der Oktoberrevolution abzufeuern – das Signal zum Angriff der Bolschewiki auf das Winterpalais.

72–73 Die Schlossbrücke (Dworzowaja Most) verbindet den festländischen Teil von St. Petersburg mit der Strelka, der Ostspitze der Wassilij-Insel. Die nächtliche Beleuchtung unterstreicht den Charme des Generalstabsgebäudes und der Newa. Am rechten Bildrand erkennt man die Rostrasäulen aus dem 19. Jahrhundert.

74–75 Die Eremitage zählt zu den weltweit größten Museen und wird jährlich von mehr als 3,5 Millionen Menschen aus aller Welt besucht. Der Museumskomplex umfasst vier Gebäude: das Winterpalais (den ältesten und größten Teil) und die drei angrenzenden Eremitagebauten. Das Winterpalais, ein Meisterwerk des Architekten Bartolomeo Francesco Rastrelli, gilt als eines der schönsten Beispiele des russischen Barock.

75 oben Peter der Große ließ das Winterpalais zunächst als schlichten Bau errichten, der später zweigeschossig ausgebaut wurde. Hier starb der Zar 1725. Rastrelli arbeitete an der Erweiterung des Palais und am Umbau der Innenräume (Thronsaal und Zentraltreppenhaus entstanden nach seinen Plänen). 1762 war der Bau vollendet.

75 Mitte 1837 zerstörte ein Brand das Palais weitgehend, das daraufhin nach den Originalplänen restauriert wurde. Sogar das Mobiliar erstand in neoklassischem Stil neu.

75 unten Zu Ehren der russischen Gouverneure schmückte man den riesigen Saal für Bälle und andere Veranstaltungen des Hofes mit deren Wappen – daher sein Name „Wappensaal".

76–77 Das prunkvolle Treppenhaus – bekannt als „Botschaftertreppe" – stammt ebenfalls von Rastrelli. Nach dem Brand im Jahr 1837 wurde es mit geringfügigen Veränderungen (die den verwendeten Materialien geschuldet waren) wieder aufgebaut. Seine Stufen führen zu den Empfangsräumen der ersten Etage. Die kaiserliche Familie benutzte die Treppe auch auf dem Weg zu offiziellen Gottesdiensten.

Das russische Versailles

78–79 Schloss Peterhof (Petrodworez) liegt etwa 30 km vor St. Petersburg. Die obere Terrasse des Parks wird von einer mächtigen Neptunstatue beherrscht. Sie und ihr Brunnen haben eine merkwürdige Geschichte: Beide wurden im 17. Jahrhundert von zwei deutschen Bildhauern für die Stadt Nürnberg geschaffen, aber nie aufgestellt, da der Wasserdruck zu gering war.

79 Die Kuppel der Schlosskirche von Peterhof ist ein weiteres Werk des viel beschäftigten Rastrelli, das er 1751 schuf.

80–81 Dieses Foto zeigt die Große Kaskade und den Samsonbrunnen in voller Pracht. Etwa 150 Fontänen und drei Kaskaden, die den Besuchern ein wunderbares Schauspiel bieten, zieren die Parkanlage von Peterhof.

82–83 Im Thronsaal von Schloss Peterhof hängt hinter dem Thron jenes berühmte Gemälde, das Katharina die Große auf einem stolzen Schimmel zeigt. Zwischen den oberen Fenstern sind die Porträts der russischen Zaren und der berühmtesten Zarinnen angebracht. Der Raum ist der hellste des ganzen Palastes, da das Licht durch zwei doppelte Fensterreihen in den langen Seitenwänden fällt.

83 oben Eine ungewöhnliche Kuppel mit eleganter Form krönt die Schlosskirche von Peterhof, die sich an der Ostseite des Großen Schlosses erhebt (allein der Hauptflügel ist 275 m lang).

83 Mitte Der Blaue Saal war mit 30 Gedecken stets auf Gäste vorbereitet. Das Service auf dem Foto stammt aus dem Jahr 1850 und wurde in Russland gefertigt.

83 unten Die Innenräume von Schloss Peterhof sind prächtige Beispiele des üppigsten russischen Barock. Gold und Stuck fanden reichlich Verwendung, ganz in Übereinstimmung mit dem Geschmack und Stil Rastrellis, der die meisten Interieurs – unter anderem das für Peter den Großen geschaffene Eichenkabinett – entwarf. Die Räume sind mit Seide, Intarsien, Spiegeln, Chinavasen, Wandteppichen, Gemälden und Porzellan ausgestattet.

Die Schatzkammer der russischen Kunst

84 oben Die lange weißblaue Fassade ist das Markenzeichen des Palastes in Puschkin, den Katharina I. an der Ostsee auf einem Grundstück erbauen ließ, das ihr Gatte, Peter der Große, ihr geschenkt hatte. Der Ort Puschkin hieß bis 1918 Zarskoje Selo: Dieser Name leitet sich nicht vom Wort „Zar" (Kaiser) ab, sondern ist eine Verballhornung des finnischen Ortsnamens, der Saari Muis (hoher Bauernhof) lautete. Der Ort hieß zunächst Saarskoje Selo, dann Sarskoje Selo und schließlich Zarskoje Selo (Zarendorf).

84 Mitte Der Palast Katharinas I. ist ein bedeutendes Museum von europäischem Rang: Unter den 130 Gemälden der Bildergalerie befinden sich 114 große flämische, italienische und französische Werke aus dem 17. und 18. Jahrhundert.

84 unten Das Russische Museum im ehemaligen Michailow-Palast ist das bedeutendste Museum für russische Kunst (neben der Moskauer Tretjakow-Galerie). Der Architekt Carlo Rossi schuf den Palast (1819) für Michael, den jüngeren Bruder Alexanders I. Mit seiner umfangreichen Gemäldesammlung (300 000 Werke) präsentiert das Museum die Kunst Russlands von den Anfängen bis in das frühe 20. Jahrhundert.

84–85 Der Große Saal im Palast in Puschkin misst 47 x 18 m und ist vermutlich Rastrellis kühnster Entwurf. Nicht weniger als 696 Kerzen unterstreichen den Glanz von Gold und Ornamenten. Der große russische Dichter Alexander Puschkin besuchte das Lyzeum in dem nach ihm benannten Ort.

Prächtige Sakralbauten

86 oben links *Das 1808 von Giacomo Quarenghi entworfene Smolnyi-Institut war im St. Petersburg des 19. Jahrhunderts eine Schule für adlige Mädchen. Benannt ist es nach dem benachbarten Kloster, das seinen Namen wiederum einer Fabrik verdankt, in der man Harz und Pech (russisch „smola") gewann. In dem Gebäude versammelte Lenin 1917 die Bolschewiki.*

86 oben rechts *Die Auferstehungs-Kathedrale des Smolnyi-Klosters zeigt untrüglich die Handschrift Rastrellis und seiner Spielart des russischen Barock – hier in der blauen Farbe und der soliden Monumentalität. Gegründet 1748 von Zarin Elisabeth I., der es als Alterssitz dienen sollte, wurde das Kloster erst unter Katharina II. vollendet.*

86 unten *Die Kasaner Kathedrale wurde von Paul I. in Auftrag gegeben und nach dem Vorbild von San Paolo in Rom erbaut. Ihre Relieftüren sind denen des Florentiner Baptisteriums S. Giovanni nachempfunden, nur zeigen sie Episoden aus dem Leben der russischen Heiligen Andreas, Wladimir und Alexander Newskij. Eine imposante Halbkreiskolonnade ergänzt das Ensemble.*

87 *Die mächtige Christus-Erlöser-Kathedrale (Chram Christa Spasitelja) steht an der Stelle, an der ein unter Stalin zerstörter Vorgängerbau gleichen Namens einem riesigen Lenindenkmal weichen sollte, das zwar entworfen, jedoch nie verwirklicht wurde. Die Weihe der Kathedrale erfolgte 1997 anlässlich des 850-jährigen Gründungsjubiläums der Stadt Moskau.*

88 oben Die besondere Art, mit der die Russen ihren Glauben praktizieren, wird in vielen Büchern beschrieben, von den Romanen Lesskows, Dostojewskis und Tolstois bis zu den Werken von Solowjew, Rosanow, Berdjajew, Bulgakow und vielen anderen. Ein Besuch lässt die Seiten eines Buches lebendig werden: Man kann die religiöse Inbrunst förmlich spüren und der Glaube wird greifbarer als in jeder theologischen Abhandlung.

88 unten An Feiertagen wimmelt Sergijew Possad (früher Sagorsk) von Menschen, die das Kloster der Heiligen Dreifaltigkeit und des heiligen Sergius besuchen. Pilger aus allen Teilen Russlands treffen sich dort, um das Fest des heiligen Sergius von Radonesch zu begehen. Nach dem Gottesdienst in der Kathedrale erhalten sie Wasser aus dem Brunnen des Heiligen. Moskau ist 70 km entfernt, doch die meisten Gläubigen kommen von noch weiter her.

89 links Unter den Bauten des Klosters der Heiligen Dreifaltigkeit und des heiligen Sergius in Sergijew Possad ragt die Mariä-Himmelfahrts-Kathedrale, die zwischen 1559 und 1585 erbaut wurde, mit ihren blaugoldenen Kuppeln hervor. Sie wurde zur Zeit Iwans des Großen nach dem Vorbild der Kremlkathedralen am höchsten Punkt innerhalb der Klostermauern errichtet. Sergius von Radonesch war der Sohn eines Rostower Bojaren. Er wurde Mönch und kam auf seinen Wanderungen etwa 1338 nach Sergijew Possad. Gemeinsam mit anderen Mönchen baute er dort eine Holzkirche und gründete ein Kloster, das bald für seine alten Handschriften und seine Ikonenmalerschule berühmt war.

89 rechts Einfache Menschen, deren Glaube spontan und grenzenlos ist, äußern ihre Hingabe oft mit großer Begeisterung, ja sogar Verzückung. In den Kirchen des Westens ist der Glaube heute nicht mehr in äußeren Zeichen von Freude und Inbrunst zu erkennen, wie es sie in Russland noch gibt.

90–91 Die Schönheit der Ikonostase in der Kathedrale von Wladimir lässt sich nicht in Worte fassen. Die Anordnung von Figuren und Szenen ist nicht zufällig, sondern folgt strengen Vorgaben. Das Bild Christi befindet sich beispielsweise stets rechts von den goldenen Türen, jenes der Muttergottes links. Den oberen Bereich zieren Szenen aus dem Leben des Heiligen, dem die Kirche geweiht ist.

91 oben links Das 1158 bis 1164 erbaute Goldene Tor der Stadt Wladimir ist nur noch in seinem Kern original. Die Anbauten stammen aus dem 18. Jahrhundert. Daneben erhebt sich die zeitgenössische Mariä-Himmelfahrts-Kathedrale aus weißem Stein. Wladimir wurde 1108 von Wladimir II. Monomach als Grenzfestung gegründet. Ab 1157 war es Hauptstadt des Fürstentums Wladimir-Susdal und von 1299 bis 1329 Sitz des Metropoliten von ganz Russland. 1238 von den Tataren geplündert und zerstört, wurde Wladimir wieder aufgebaut und war zwischen 1242 und 1328 Residenz der russischen Großfürsten. 1364 kam es zum Großfürstentum Moskau.

91 oben rechts Die 1194 bis 1197 erbaute Demetrius-Kathedrale in Wladimir birgt wertvolle Fresken.

91 unten Die Mariä-Himmelfahrts-Kathedrale in Wladimir ist die schönste der 28 Kirchen dieser Stadt. Im 12. Jahrhundert unter Fürst Andrej Bogoljubskij erbaut, wurde sie später mit der übrigen Stadt von den Tataren zerstört. 1432 errichtete man jedoch an gleicher Stelle eine noch schönere Kirche. Sie galt lange Zeit als wichtigste Kathedrale Russlands, in der die sterblichen Überreste der berühmtesten Fürsten Russlands ruhen – von Wladimir dem Heiligen bis zu den Moskauer Großfürsten.

92 Rostow, im 12. bis 17. Jahrhundert Rostow Welikij (Großrostow) genannt, gehört zu den Städten des Goldenen Rings und wird erstmals im Jahr 862 erwähnt. Ab dem 11. Jahrhundert gehörte die Stadt zum Fürstentum Rostow-Susdal und ab 1207 war sie Hauptstadt des Fürstentums Rostow. Wie viele andere russische Fürstentümer geriet dieses 1474 unter die Herrschaft des Großfürstentums Moskau. Zu den architektonischen Schätzen der Stadt gehören unter anderem die Kirche Johannes des Evangelisten, die Christi-Auferstehungs-Kirche sowie das Abrahams- und das Jakobskloster.

92–93 Der Kreml von Rostow ist ein herrliches Bauwerk. Die Kirchen der Stadt weisen eine Besonderheit auf: mit Fresken verzierte Wände und steinerne Altäre anstelle der Ikonostasen. Ein Beispiel findet man in der Erlöserkirche, deren Fresken das Werk der Rostower Schule sind, gegründet vom orthodoxen Popen Timofej, von Dimitrij Stepanow und von Iwan und Fjodor Karpow.

94 oben links Dieses Foto zeigt die herrliche Ikonostase der Kirche Johannes des Täufers (oder Vorläufers, wie ihn die orthodoxe Kirche auch nennt) in Jaroslawl. Das Gotteshaus entstand zwischen 1671 und 1687. Johannes der Täufer ist in Russland sehr beliebt (Jungen werden nach ihm und nicht nach dem Evangelisten „Iwan" getauft), da er Vorbild für die ständige Bußfertigkeit ist, nach der die russischen Gläubigen streben.

94 unten links Dieses Foto zeigt eine wertvolle Ikone der Nikolauskirche in Jaroslawl. Der heilige Nikolaus ist der Patron der Bauern und Erntearbeiter. Er wird stets mit über der Brust gekreuzter Stola, dem Evangelium in der Linken und segnender rechter Hand dargestellt.

94 rechts Die Eliaskirche entstand zwischen 1646 und 1650. Glaubt man den Gelehrten, so geht die besondere Verehrung, die die Russen (und die Slawen überhaupt) diesem Heiligen entgegenbringen, darauf zurück, dass man ihn mit dem Wettergott verwechselte, denn nach dem biblischen Bericht assoziiert man ihn mit dem Donner.

95 Jaroslawl wurde im 11. Jahrhundert von Jaroslaw dem Weisen gegründet. Die Stadt besitzt viele alte Bauten, zu denen unter anderem das Christi-Verklärungs-Kloster gehört. An seine im 16./17. Jahrhundert erbaute Rückwand ist eine ungewöhnliche dreieckige Kirche gleichen Namens angebaut. Insgesamt besitzt Jaroslawl 77 Kirchen. Die Eliaskirche ist für ihre hervorragenden Fresken und ihre Ikonostase berühmt.

96–97 Die Stadt Kostroma mit dem prächtigen Ipatjew-Kloster (1330) thront über der Wolga. Urkundlich belegt ist sie erstmals 1213. Ab der Mitte des 13. Jahrhunderts war Kostroma Hauptstadt des gleichnamigen Teilfürstentums, 1364 fiel die Stadt an das Großfürstentum Moskau. Ihre Steinmauern und -türme stammen aus dem 16. und 17. Jahrhundert.

97 oben Die meisten Fresken der Verklärungskathedrale (1564) in Susdal sind Werke von G. Nikitin, einem großen Ikonenmaler des 17. Jahrhunderts. Nach zeitweiliger Vereinigung mit dem Fürstentum Rostow war Susdal 1392 eine der ersten Städte, die an das Großfürstentum Moskau fielen. Politisch bedeutungslos, entwickelte es sich zu einem der wichtigsten religiösen Zentren.

97 Mitte Das Goldene Tor des Kreml von Susdal (12. Jahrhundert) wurde 1688 angefügt. Inmitten der Mauern steht die Muttergottes-Geburts-Kathedrale, die zwischen 1222 und 1225 erbaut wurde und eine der ältesten Steinkirchen Russlands ist. Fresken aus dem 12., 15. und 17. Jahrhundert zieren die Kirche. Die blaue Farbe ihrer fünf Kuppeln ist einzigartig.

97 unten Das an den Ufern des Wolchow erbaute Nowgorod wird urkundlich erstmals 859 erwähnt. Schon im 10. Jahrhundert war es das zweitwichtigste Kultur- und Handelszentrum Russlands. Von 1136 bis 1478 war die Stadt autonome Republik. Am linken Ufer des Flusses erhebt sich der Kreml (11. Jahrhundert) mit seinen imposanten, zwischen 1484 und 1490 erneuerten Mauern und Türmen. Das älteste Baudenkmal ist die Sophienkathedrale, die der Stadtpatronin geweiht ist, mit vielen Ikonen der Schule von Nowgorod.

Weite Landschaften

98 oben Die warmen Farben des Herbstes verleihen dem rechten Ufer des Baikalsees im Süden Sibiriens (Region Irkutsk der Burjatischen Republik) eine freundliche Note. Der Baikal ist der größte Gebirgssee Asiens und einer der wasser- und fischreichsten Süßwasserseen der Erde. Mit maximal 1620 m ist er außerdem der tiefste Binnensee der Erde. Er birgt 27 Inseln, darunter fünf ständig bewohnte. In den See münden 336 Flüsse, unter anderem Obere Angara, Bargusin und Selenga. Im Sommer beträgt die Wassertemperatur etwa 12 °C, im ufernahen Flachwasser sogar 20 °C.

98 unten Wyborg, das alte finnische Viipuri in der Region Karelien, wurde 1293 von den Schweden als Festung gegründet. Nach dem Sieg Russlands über Schweden und der Einnahme der Stadt diente die Festung als gefürchtetes Gefängnis. Zu den berühmten Häftlingen zählten unter anderem die Dekabristen, jene Offiziere, die 1825 in Russland den Aufstand für eine konstitutionelle Verfassung anzettelten. Finnland hat stets die Herrschaft über Wyborg beansprucht und der Besitz der Stadt hing immer vom wechselnden Kriegsglück ab. Seit 1944 gehört sie zur Oblast Leningrad.

99 Die Luftaufnahme – entstanden über der Halbinsel Kamtschatka, 120 Längengrade östlich von Wyborg am Finnischen Meerbusen – zeigt die üppige Vegetation im Kronotsky-Nationalpark und -Naturschutzgebiet. Im Hintergrund erkennt man die majestätische Silhouette des gleichnamigen Vulkans.

Die russische Landwirtschaft

100 Der Bauer auf diesem Foto lebt in der Region Wologda zwischen Moskau und Nowgorod. Nach dem Ende der UdSSR am 21. Dezember 1991 führte man ein neues Landverteilungssystem auf Basis von Privateigentum ein. Das führte in der vorher zentral kontrollierten und in Kollektiv- bzw. Staatsgüter (Kolchosen bzw. Sowchosen) gegliederten Landwirtschaft zu großen Problemen. Derzeit ist die Produktivität selbständiger Bauern in Russland um etwa zwei Drittel niedriger als in hoch entwickelten Agrarländern.

101 oben Beim Anblick dieses goldenen Getreidemeers kann man nur hoffen, dass es Russland gelingt, die Mechanisierung seines Agrarsektors zu beschleunigen, damit es den unglaublich hohen Inlandsbedarf an Mehl und Brot decken kann.

101 unten Die Weizenernte auf Russlands riesigen Ackerflächen erfordert leistungsfähige Maschinen und verstärkte Automatisierung.

Traditionen und alte Lebensweisen

102 Sergijew Possad ist ein Beispiel für das „zweiseitige" traditionelle Dorf. Holzhäuser reihen sich beiderseits der unglaublich engen Straße aneinander und erhöhen so unvermeidlich die Gefahr von Flächenbränden. Als man in Russland noch die Exogamie praktizierte (also nur außerhalb des eigenen sozialen Verbandes heiraten durfte), betrachteten sich die Bewohner der einen Häuserreihe als Verwandte und mussten daher auf der anderen Straßenseite (bzw. am anderen Ufer, wenn das Dorf an einem Bach lag) nach geeigneten Ehepartnern suchen.

102–103 Dieses Foto zeigt eine Isba in Sergijew Possad. Die Isba (abgeleitet vom altdeutschen Wort „stuba", „beheizbarer Raum") bestand zunächst ganz aus Holz, ohne Steinfundament und mit überstehenden Balken an den vier Ecken. Das Erdgeschoss diente als Werkstatt oder Speicher, im Obergeschoss befand sich der beheizbare Wohnbereich.

104 oben Nur wenige Völker, die von der Landwirtschaft leben, sind solch geschickte Holzbearbeiter wie die Russen, die selbst mit einem einfachen Beil („obenor") wahre Meisterwerke schaffen. Bei dieser Isba in Sergijew Possad hat ein Handwerker seine manuellen und kreativen Fertigkeiten dem Schmuck der Fensterrahmen gewidmet. Der Dekor erinnert an den prächtigen russischen Barock.

104 unten Sibiriens Fischer geben nicht auf, wenn die Flüsse zufrieren: Fische kann man immer zum Anbeißen bringen, selbst durch ein kleines Loch im See. Das 1628 im Lauf der Eroberung Sibiriens als Festung gegründete Krasnojarsk wurde zu einem wichtigen Flusshafen am Jenissej, vor allem nachdem man dort Gold entdeckt hatte. Infolge des beträchtlichen Wachstums der Stadt zählt Krasnojarsk heute knapp eine Million Einwohner.

104–105 Auf dem Museumsschiff „Sv. Nikolai" überquerte Lenin 1897 den Jenissej, als er von Krasnojarsk ins Dorf Schuschenskoje reiste, wo er drei Jahre in der Verbannung lebte.

А МАТРОСОВ

106–107 Der Jenissej, Sibiriens längster Strom, entsteht aus zwei Quellflüssen: dem Großen Jenissej (Bij-Chem) und dem Kleinen Jenissej (Ka-Chem). Gemeinsam gliedern sie Sibirien praktisch in zwei Teile, vom Sajangebirge in der nördlichen Mongolei bis zur Karasee am Rande des Nordpolarmeeres. Die Gesamtlänge des Flusses beträgt 4 102 km, seine breiteste Stelle misst 20 km. Der Jenissej ist der wasserreichste Strom Russlands. An seinen Ufern liegen bedeutende Wasserkraftwerke und in der rund 5-monatigen Navigationszeit ist er eine wichtige Verkehrsader.

108 Die Völker des Kaukasus sind für ihren Stolz und ihre streng bewahrten Traditionen berühmt, was erheblich dazu beigetragen hat, diese Ethnien jahrtausendelang getrennt zu halten. Auch das Streben nach Autonomie ist typisch für diese Völker.

109 oben Die Russische Föderation umfasst zahlreiche Völkerschaften. Besondere Beachtung verdienen die Kaukasier, zu denen viele ethnische Gruppen mit unterschiedlichen Sprachen und Sitten gehören, die oft gleichen Ursprungs sind. Das wichtigste Volk Kaukasiens sind neben den Armeniern wohl die Georgier. Mehr und mehr erfährt man jedoch über die anderen Gruppen: Tschetschenen, Inguschen, Tscherkessen, Osseten. Sie alle leben in der Regel im Gebirge und ihre Wirtschaft beruht auf der Rinder- und Schafzucht. Als hervorragende Reiter und Krieger sind diese Völker stark in uralten Ritualen und Gebräuchen verwurzelt.

109 unten Der Kaukasus trennt Schwarzes und Asowsches Meer vom Kaspischen Meer und gilt als eine der ältesten Regionen der Erde. Einige Gipfel des Kaukasus erreichen Höhen von über 5 000 m, darunter der Elbrus (5 642 m) und der Kasbek (5 033 m).

110–111 Die Völker Sibiriens nennen den riesigen Baikalsee „heilig": Sein Name leitet sich von den turkosibirischen Wörtern „bai" (reich) und „koel" (See) ab. Der fischreiche See dient den Anwohnern als Nahrungsquelle und sorgt für ein milderes Klima als in der umliegenden Region. Ein beeindruckendes Schauspiel ist allabendlich der Widerschein des rotgold gefärbten Himmels auf dem See.

112–113 Ruhe und Frieden, die sich in der Dämmerung über ein sibirisches Dorf breiten, sind nahezu fühlbar. Wer jemals den klaren Himmel über der Taiga bewundern konnte, wird zugeben, das es auf Erden nichts Vergleichbares gibt.

114 Als Taiga bezeichnet man den ausgedehnten Waldgürtel südlich der Tundra. Im Turkosibirischen bedeutet „tai-ga“ jedoch „Felsengebirge“, eine treffendere Bezeichnung, denn die typische Vegetation der Taiga ist von Felsgebilden durchsetzt. Sehr gut lässt sich das im äußersten Süden von Jakutien an den Ufern eines Zuflusses der Lena beobachten.

115 Nördlich von China und der Mongolei beherrscht der Altai den Süden Sibiriens. Ob, Irtysch und Jenissej – die sibirischen Hauptströme, die zu den längsten der Erde zählen – haben dort ihren Ursprung.

116 Für die Jukagiren ist der Schlitten weit mehr als ein bloßes Transportmittel. Wenn sie ihr Lager aufschlagen, dient er auch als Werkbank, Wiege oder Bett.

116–117 Die Urbevölkerung Sibiriens – die wahren Paläosibirier – sind die Nivkho-Jukagiren, deren Bräuche und Sprache keinerlei Verwandtschaft mit den zahllosen anderen des weiten asiatischen Russland aufweisen. Die Nivkho-Jukagiren sind vor allem Jäger und Rentierzüchter, die auch mit dem rauesten Klima zurechtkommen. In prähistorischer Zeit überquerten Aleuten und vielleicht auch Tunguso-Mongolen die Beringstraße, um Nord- und Südamerika zu besiedeln.

Wladiwostok – Letzter Halt

118–119 Der Bahnhof von Wladiwostok markiert das Ende einer scheinbar endlosen Reise, von der alle Eisenbahnfreunde träumen. Kurioserweise erinnert seine Architektur an die des Kasaner Bahnhofs in Moskau, wo die Fahrt der Transsibirischen Eisenbahn beginnt. Schon der Name Wladiwostok („Beherrsche den Osten“) weist auf die Rolle der Stadt hin. Sie gehört zu den größten Häfen am Pazifik und liegt sehr nahe bei Japan und Korea. 1860 als militärischer Vorposten gegründet, zählt sie heute über 700 000 Einwohner.

119 oben Wladiwostok war viele Jahre eine verbotene Stadt, eine Marinebasis, in der nur Seeleute und deren Familien lebten. Als solche war sie für russische und ausländische Reisende nicht zugänglich. Damals endete die Trasse der Transsibirischen Eisenbahn noch in Tschita, der Hauptstadt der gleichnamigen Oblast.

119 unten Die russische Marine ist nach ihren Einsatzgebieten aufgeteilt: Die Pazifikflotte liegt in Wladiwostok, die Schwarzmeerflotte in Odessa und die Ostseeflotte in St. Petersburg. Die russische Handels- und Kriegsmarine bildet hinsichtlich Gesamttonnage und Anzahl der Schiffe die größte Flotte der Erde.

120–121 Dieses Foto zeigt die Stadt Wladiwostok mit ihrem Hafen. In der Umgebung gibt es viele attraktive Orte, die zu beliebten Touristenzielen geworden sind. Die untergehende Sonne zaubert hier immer wieder märchenhafte Farbkompositionen an den Himmel.

122–123 Die Bucht von Wladiwostok hat zahlreiche Nebenarme mit kristallklarem Wasser und ungestörter Natur. 1916 richtete man an den Ufern des Amur das riesige Biosphärenreservat Kedrowaya Pad ein. Auf einer Fläche von beinahe 20 000 ha gedeihen dort ozeanische und mandschurisch-sibirische Pflanzen sowie seltene Baumarten. In den Wäldern leben unter anderem Amur-Leoparden, Tiger, Rentiere, Himalajabären und Ussuri-Nashörner. Außerdem findet man in dem Reservat seltene Vogelarten.

124 Mit dem Flugzeug ist die Reise vom Biosphärenreservat Kedrowaya Pad nach Kamtschatka kurz. Besuchern bietet sich ein grandioses Bild: eine erstaunliche, mit riesigen Vulkankratern durchsetzte Landschaft.

125 oben Im Kronotsky-Nationalpark leben Tiere geschützt in Freiheit. Das mildere Klima beschert hier auch den hungrigsten Bären ein üppiges Angebot an Gras, Beeren und Fischen.

125 unten An der Pazifikküste der Halbinsel Kamtschatka erreichen die Vulkane Höhen von über 3 000 m. Das Foto zeigt die Krater des Avache- und des Korjalskij-Vulkans, die unter dem ewigen Schnee noch immer aktiv sind.

126–127 Licht dringt aus den Fenstern eines Rangerhauses im Kronotsky-Nationalpark, einer beeindruckenden, unberührten Naturlandschaft am äußersten Rand von Russland. Wenn die Nacht über Kamtschatka hereinbricht, erwacht Moskau und ein neuer Tag in der langen russischen Geschichte beginnt.

128 Drei junge Straßenhändler in roten Sponsorenjacken bieten Touristen am Schukow-Denkmal Getränke und Snacks an. Im alten Russland undenkbar, ist das heute ein vertrautes Bild.

Bildnachweis

Marcello Bertinetti/Archivio White Star:
Seiten 12–13, 16–17, 30 unten, 31, 34, 35, 40, 41, 48, 49, 88, 89, 102, 103, 104 oben.

Giulio Veggi/Archivio White Star:
Seiten 1, 2–3, 9, 14–15, 20, 21, 22 oben, 22 unten, 23, 24, 25 oben und unten, 26, 28–29, 30 oben, 32–33, 36–37, 38–39, 50, 51, 52, 53, 54, 55, 56, 57, 58, 59, 60–61, 62, 63, 64–65, 66–67, 68, 69, 70, 71, 74, 75, 76–77, 78, 79, 82, 83, 84, 85, 86, 128.

Francesco Zanchi/Archivio White Star:
Seiten 18–19, 72–73.

Alamy Images:
Seite 87.

Tony Allen/O.S.F./Overseas:
Seiten 110–111.

D. Auvray/Explorer:
Seite 98 oben.

Franco Barbagallo:
Seiten 4–5, 6–7, 24–25, 99, 108, 109, 115, 118, 119, 120–121, 122–123, 124, 125, 126–127.

S. Compoint/Sygma/Grazia Neri:
Seite 101 unten.

Giglioli/Focus Team:
Seiten 104 unten, 104–105.

Hutchison Library/Overseas:
Seiten 112–113.

F. Kayfman/Overseas:
Seiten 106–107.

Y. Kuidin/Novosty/Grazia Neri:
Seite 101 oben.

Jacques Langevin/Sygma/Grazia Neri:
Seiten 116–117.

Pascal Le Segretain/Sygma/Grazia Neri:
Seite 102.

Marco Majrani:
Seiten 80–81, 96–97.

Melo Minnella:
Seiten 91 unten, 97 oben und Mitte.

Paolo Negri:
Seiten 91 oben, 92, 94 unten rechts.

Petroukhine PM/Grazia Neri:
Seite 116.

P. Portinaro:
Seite 98 unten.

Davide Scagliola:
Seiten 8, 90–91, 92–93, 94 links, 95, 97 unten.

Wolinsky/Overseas:
Seiten 42–43, 44, 45, 46, 47.

Giancarlo Zuin:
Seite 114.